Helmut Preußler   Gedichte

Titelbild:
Caspar David Friedrich
Der Schmiedeberger Kamm

Helmut Preußler

GEDICHTE

AUSWAHL

Bibliografische Information der Deutschen Bibliothek
Die Deutsche Bibliothek verzeichnet diese Publikation in der Deutschen
Nationalbibliografie; detaillierte bibliografische Daten sind im Internet über
http://dnb.ddb.de abrufbar.

Herstellung und Verlag: Books on Demand GmbH, Norderstedt
ISBN 3-8334-4216-6

Sie fasten und kasteien sich, die Scharen der Poeten,
meiden den Zank des Volks und das Gewühl des Marktes,
und um ein Werk zu schaffen, das unsterblich wäre,
sterben sie vor Mühe unterm Joch der Arbeit.

Archipotea

DURCH DAS JAHR

VORMÄRZ

Die Erde hat ihr weißes Kleid gespendet,
dem ersten Frühlingstag, der durch die Fluren streift,
er ist ein Gruß von jenem Gott gesendet,
durch den das Jahr schon Jahr um Jahr gereift.

Auch ich hab' meine Seele ausgesendet
dass sie zu neuen Ufern greift
und sich von ihren alten Schatten wendet
in dieser frühlingsschwangren Zeit.

AUFBRUCH IM MÄRZ

Aufbruch! Wohin denn? Wohin?
Unstet und Wirrnis im Sinn.

Was ist die Mär des März?
Treibt es mich wendewärts?

Wende wohin denn? Wohin?
Was ist gemeint darin?

Befreien vom nichtigem Wanken,
sich lösen von alten Gedanken?

Lösen von Fesseln des Wahns
der Erbschaft eines irrenden Ahn's?

Aufbruch zu neuen Ufern
Lenzeskraft in dir wohnt.

Aufbruch zu neuen Ufern,
Aufbruch, zu dem es lohnt!

DIE STIMMEN DES FRÜHLINGS

Nun blühen auf allen Wegen
Farben aus Baum und Strauch.
Fließen dem Seher entgegen
mit frühlingsgelindem Hauch.

Über hellgrünen Hügeln
erhebt sich der Sonne Schein.
Mit engelweißen Flügeln
schweben kündende Stimmen ein.

Ihr zartes Geheimnis sie lüften
dem, der sie sachte belauscht.
Mit fiebrigen Wortedüften
glückselig wird man berauscht.

Der Frühling streift seine Harfe
melodisch zur Weise gestimmt.
Mit eisiggrimmiger Larve
der Winter Abschied vernimmt.

SCHAU IN DIE SOMMERWIESE

Schau in die Sommerwiese,
wie sie im Tage steht,
in den Stunden wie diese,
lichtere Fluren begeht.

Heiter läuft sie zum Hügel,
umgibt ein Dorf wie ein Band,
führt mit grünem Zügel
in ein geborgenes Land.

Prangen, blühen und sprießen
ungestört die Natur
den Sommer auszugießen
in die buntbunte Flur.

Blumen und Gräser reden,
vom Wachsen und Gedeih'n.
Ein Garten von Eden
im Unschuldigsein.

Schau in die Sommerwiese,
wie sie im Tage steht,
in den Stunden wie diese,
lichtere Fluren begeht.

Lied des Sommerwindes

Wie es rauscht in den Bäumen,
wenn sie vom Winde durchweht,
horch', wie die Blätter säuseln,
wie er sacht durch die Kronen geht.

Einsam dort oben zu leben,
nur der Wind ist ihr Freund,
spielt mit jedem Blatte,
wiegt es sanft und verträumt.

Ja, das Lied des Windes,
hat mich friedlich gemacht,
leis' seine Stimme verkündet
die mich mit Ruhe bedacht.

DIES WAR EIN SOMMER

Dies war ein Sommer, sonnenvoll beschienen,
von diesem Sommer gibt es kein Bedauern,
Konnt' mich als Wanderer lang verdienen,
ich blieb nicht in der Städte Mauern.

Dies war ein Sommer. Denk an Sträucherernten,
an Beeren, die der Mund nahm übervoll.
Was Sucher einstmals kosten lernten,
das Süß der Früchte mir an jedem Wege quoll.

Dies war ein Sommer, stadtwärts abgelegen
mit einem Nickerchen an jedem Nachmittag.
Auf diesem Sommer lag des Ländlers Segen.
Es wächst das Korn, weil es noch reifen mag.

SOMMERGEHN

Herb ist mir des Herbstes erster Tag bekommen,
so habe ich das Sommergeh'n vernommen.
Im Jahresrund von Stund zu Stund
verändert sich der Sommermund.

Ich will dem Sommerplan entsagen,
will Herbheit für das Morgen tragen.
In meiner Seele wendet sich der Sinn,
geht sie zu neuen Ufern hin?

DES HERBSTES BUNTES SPEKTAKEL

Des Herbstes buntes Spektakel
den Monat Oktober schminkte.
Er pries sein Farbenmirakel
in das er selig versinkte.

Über dem Loben ergab sich
dass seine Zeit vorbei,
der Bogen des Jahres ausstrich
seine gelbgoldene Träumerei.

Was sich in leisener Reise
in den November verlor
strebt zum geschlossenen Kreise
wie alle Jahre zuvor.

Bald liegt auf eisiger Bahre
was sich zum Bleiben erkor
denn das große Bewahre
dringt wechselnde Zeiten empor.

HERBST AN DER NORDSEE

Ändert auch alle Minuten
das Wetter die Farben am Strand
bleiben die Meeresfluten
grauweiß doch und diamant.

Vergessene Sommergluten,
Winde singen im Sand.
Einsame Menschen sputen
zurück ans geborgene Land.

SPÄTHERBST

Dämmriges Nebelgrau zieht nach Nordwest
Blutrote Hagebutte äugt durchs Geäst

Moosiges Knieholz umfußt das Gebiet
Türkenbund wiegt sich im herbstlichen Ried

Ein Specht klopft am Stamme allmählich sich müd'
Sommer wird Sehnsucht und Sehnsucht wird Lied.

November

Ein kalter Herbstwind peitscht durch Felder,
mein Herz bedrängt sich sonderbar
schwarzsamtner Schwarm flieht über Wälder
so war es doch schon manches Jahr.

Was kann im Leben jetzt noch kommen?
Als Todeskuss und traute Ruh'
einsame Nacht, du bist willkommen
und ständig schneller strebst mir zu.

JAHRESENDE

Über den weißen Fluren streicheln
fallende Flocken das Jahr
tanzendes Abschiedsumschmeicheln
winterherrlich fürwahr.

Noch einmal bäumt auf sich die Stunde
bevor sie ins Gestern verrinnt
durch besiegelte Zeitenkunde
die Vergänglichkeit gewinnt.

Die alternden Uhren verhallen
werden nicht aufgedreht.
Die Zeiger ins Schweigen fallen.
Das Jahr am Ende steht.

Doch dein Erinnern indessen
weht noch im alten Jahr.
Du wirst es noch oft durchmessen
durch deiner Zeiten Glossar.

Neujahr in Salzburg

Das neue Jahr steigt aus der Salzach Fluten
raketenfarbig in den Himmel weit.
Die Silberwelt verzauberter Minuten
wird mir im frühen Jahr gebenedeit.

Der Dom steht da im heil'gen Winterschimmer
und über ihm die trutz'ge Burg hält Wacht.
Vor diesem Panorama: Welt im Glimmer.
Ganz bilderherrlich rauscht vorbei die Nacht.

Ekstatisch wirkt, was lang' ein Sehnen:
zwei Frauenkörper halten mich umschmiegt.
Und aus dem dreifach aufgelegten Wähnen
ein magisch Sein, das uns umwiegt.

VOM ABEND ZUR NACHT

ICH NUR UND NATUR

Abenddämmerung:
Sinnesänderung,
tastend Sternenlicht
durch die Ferne bricht.
Kühle bald und Nacht,
Unheimliches erwacht,
Stille in der Welt.
Neues Ahnen schwellt.
Auf der weiten Flur
keines Menschen Spur.

Ich nur und Natur.

ABEND

Ringsum die Nebel steigen
tagsinnend steht die Luft.
Aus tieferer Seele entsteigen
Bilder voll Balsamduft.

Herz gib auf das Schwirren
bald bist du schlafbereit.
Lass dich nicht verwirren,
nimm dir Geborgenheit!

Ein weicher, stiller Friede
stillt meine Tagesnot.
Ich bin ganz fragemüde:
mir ist die Welt im Lot.

NORDSEENACHT

Oh, sternenfreie Nacht, oh, windzerzauste,
der Nebel wacht an deiner Front.
Du an dem Meeresstrand erlauschte,
ich geh durch deinen Horizont.

Und dorten schlägt die Welle an die Düne,
verschwistert Meer sich mit dem Land,
und als ein graugeschäumter Hühne,
wirft Flut um Flut sich an den Strand.

MÜDE NACHT

Ein Vogel zirpt, die Nacht wird müder
und hüllt sich in ihr Unsichtbares ein
das Morgenrot des Tages wird schon rüder
und will sich von dem Rest der Nacht befrein.

Da geht die Nacht - sie geht im Schweigen
ein ganzes Tagesleben ist sie tot
sie braucht die Ruhe um erneut zu steigen
wenn nach dem Abend sie die Zeit dann holt.

Ihr Sohn, der Traum, ist mit ihr abgestiegen
er hält mit seinen Bildern gerne Wacht
und noch am Tage will er uns besiegen
als einz'ger Überrest der Mutter Nacht.

GEDANKEN UM MITTERNACHT

Die Mitternacht ging sanften Schritts vorüber.
Ich gab nicht acht, es ist schon viertel Eins.
Die Nacht neigt sich zum neuen Tag hinüber
und wächst ihm zu und löst sich auf in sein's.

Vom alten Tag bleibt nur noch das Erinnern.
Unwiederbringlich. Auf zu neuer Fahrt.
Die Zeit will sich um gestern nicht bekümmern
sie schreitet fort, das ist der Zeiten Art.

Jedoch ich sehne mich mich der Stunden wieder
die einmal voll Erfüllung war'n.
Und meine Wünsche ziehen weit hinüber
ins Land vor Mitternacht, das ich befahr'n.

LIEBESLUST UND LIEBESLEID

ICH LEBTE EINEN EINZ'GEN SOMMER NUR

Ich lebte einen einz'gen Sommer nur
und auch von diesem Sommer wenig' Tage,
als abgelöst von aller Plage
ein Engel mir die Welt erschuf.

Heut hab' ich nur das Zehren noch
von dieser Zeit: bin jugendalt -
Des Todes äußere Gewalt
kann nur das Datum meines Sterbens sein.

DU

Ich war ich und ohne Ruh' -
da führte Liebe uns einander zu.
Nun bin ich Du.

Du warst Du und suchtest mich -
da meine Sehnsucht, traf ich Dich.
Nun bist Du ich.

SCHEHEREZADE

Es war beim ersten Blick mir klar:
In diese Augen fall ich, untrennbar.
Das Feuer deiner Augen enthält
Scheherezades magische Welt.

Und was in tausendundeiner Nacht
aus Tiefen die Seele hervorgebracht.
Es ist deiner Augen fesselnde Welt
die mich ab jetzt in Liebe hält.

THEATERABEND

Im Tempel hier der Phantasie
beim Gauklerspiel - da sah ich sie.
Gelehnt an einer Loge Wand
vergaß das Spiel ich - als ich fand
im Hell- und Dunkelschein des Raums
das Zauberbild des Bühnentraums.

Es waren die Lippen so wunderbar
und als ihrer Augen Macht ich gewahr
ist Zärtlichkeit in mir erwacht
und voller Sehnsucht hab ich dann gedacht:
ich möcht ihr nah sein und in sie versinken
und den Atem ihrer Seele trinken.

ERSTER KUSS

Ich hab kein Bild von ihr
in meinem Schrank
und keinen Brief.
Ach Gott,
die Zeit war lang.

Die Augenfarbe hab ich
nicht mehr im Erinnern
und auch nicht die
von ihrem Haar
und keine Sehnsucht mehr im Innern.

Nur ihren jugendfrischen Mund
hab ich in der Bewahrung
den Mund
von Ingrid S.
und meiner Küsse Ersterfahrung.

JUGENDSTILFRAUEN

Ein Klimt, ein Mucha und die andern alle
verzaubern manche trüben Stunden
durch ihre Bilder, traumempfunden.

Da zeigt das Leben sich mit leichten Flügeln
die goldberauscht und ornamentbeladen
voll reifer Zärtlichkeit das Schöne tragen.

Vor diesen Bildern muß ich Harm und Härte zügeln
und neue Daseinszärtlichkeiten wiegen.
Und beim Beschauen weltversöhnlich siegen.

MIT GANZ LEISEN SCHRITTEN

Mit ganz leisen Schritten,
trat'st Du zu mir herein,
kamst und lächelst
mir den Morgen ein.

Du stand's vor mir im Raume
ich spürte Deinen Arm,
grad' erwacht vom Traume
wurd' mir der Tag so warm.

JULISOMMER

Es bleibt unser Julisommer
mein Privileg
in diesem Sommer
ebnetest Du meinen Weg.

Du kamst mit sichren Schritten
ich staunte über dein Sein.
Es war als wäre ich mitten
in meinen Zielträumerei'n.

Du gabst mir ein neues Erahnen,
da wurden die Zeiten gut.
Es war Dein Frausein,
das formte mich aus in der Sonnenglut.

Ich hatte bald mein Sinnen
ganz auf Dich eingestellt.
Wenn auch die Tage verrinnen -
Du bleibst ein Stück meiner Welt.

Abschied

Sie war ein Stück von mir, ein schöner Traum
sie hat ihre Seele an meine gehangen
war mir ganz nah und sicherer kaum
geerdet wie ein starker Baum
ist sie mit mir in die Zeiten gegangen.

Auf einmal war ihr Herz befangen
und ihre Nähe wurde Raum
ich musste Nächte um sie bangen
denn ihre Sehnsucht war verhangen
dann ging sie fort aus meinem Traum.

VERSIEGELTER MUND

Ich spür den Sand durch die Finger rinnen
und das Herz wird mir schwer
von den sterbenden Dingen
die ohne Wiederkehr.

Ich hoffte, Bleibendes zu vollbringen
kein Wollen nunmehr
Zukunft zu erringen
wird mir leer.

Ich will nicht das Rufen bewahren,
es fällt zurück auf den Grund
durch Abschiederfahren
versiegelt mein Mund.

DREIßIG JAHRE WIE EIN TAG

Dreißig Jahre genau,
drei Jahrzehnte,
du weißt nicht,
wie lange ich mich nach dir sehnte.

Sah dich heute auf der Straße,
doch ich war nicht frei,
dich einfach zu fragen,
wie dir's ergangen sei.

Du gingst an mir vorüber
wie Menschen einerlei,
es gingen mit dir drei Jahrzehnte,
als ob's gestern gewesen sei.

Jung war die Zeit, damals
von der ich noch zehr'.
Eine Generation überschritten
längst. Ohne Wiederkehr.

TOD UND VERGÄNGLICHKEIT

TODESTAG

Ich werde meinen Todestag nicht wissen
sehr bald vergessen werd ich dann die Welt
der Lebensfaden, wenn er abgerissen
nichts mehr von mir und meinem Sein behält.

Mein Ego wird nicht meinen Tod beklagen
unwissend folgen dem Gebein
die Männer, die den Leib zur Erde tragen
sie werden nicht aus meiner Freundschaft sein.

Und niemals werd' ich meinen Nachruf hören
nicht lesen, was vielleicht mal einer schreibt.
Doch heute will ich dich betören
und suchen deinen Rosenmund, der leibt.

AN JENEM SCHRECKLICHEN TAG

Mir graut vor dem Tag meiner Ruhe
mir graut vor vermoderter Nacht.
Wenn in enggehaltener Truhe
mein Körper zur Erde gebracht.

Wenn prasseln die gelbbraunen Brocken
mit Blumen vermischt auf das Holz
und immer kräftiger blocken
auf das, was mir Leben und Stolz.

Im dunklen, verlassenen Schreine
mein Körperbild verrinnt.
Ich hoffe, dass es meine
geängstigte Seele, dann nicht vernimmt.

STERBEN IN RUSSISCHER ERDE
Januar 1944

Einst war es Traum, dann Trugbild, was wir sah'n,
dann ging das halbe Vaterland verloren.
Zu fallen für den Größenwahn
war er im fremden Felde auserkoren.

Vielleicht blüht im Ukrainerfeld jetzt eine Rose
so dunkelrot, wie dort noch keine stand
von seinem Blut gefärbt im Toten Lose
vielleicht sein letzter Blick der Heimat zugewandt.

Wir hielten einen Totenschein in unseren Händen
auf dem pathetisch aufgeschrieben stand:
In treuer Pflichterfüllung starb er in den Bränden
"für Führer, Volk und Vaterland".

(Erinnerung an meinen Vater Alfred P.)

GEGENWART

Wer das Leben angeschaut mit Wonnen
ist des Todes dunkler Nacht entronnen.
Niemals stirbt ein Wesen unter Sonnen
das die Zeit zur Gegenwart gesponnen.

Nur der Körper ist der Todesschreiter.
doch die Seele bleibt des Seins Geweihter.
Ausgenommen von dem Widerstreiter
nie konkret wird ihr die Grabesleiter.

Schweigen vom Vorher, schweigen vom Nachher.
Das Erwachen immer Wiederkehr,
in die Gegenwart des Seines fester Bronnen.
Freudig, wer dies glaubend angenommen.

AM SCHREIN DER HILDEGARD VON BINGEN
In Rüdesheim-Eibingen

Golden beleuchteter Schrein
herrliche Farbe des Lichts
birgt heiliges Gebein
nie an Verehrung gebrichts.

Schlichter Raum der Kirche
auf den Altar fixiert
ganz dem Schreine ergeben
der das Wunder gebiert.

Achthundert Jahre Relique
ruhen im Kirchenschoß
immer ein Vorbild im Glauben:
Hildegard, menschengroß.

AN DICHTERGRÄBERN

Da liegen sie nun, groß sind ihre Namen.
In ihren Herzen lebte glühend einst der Geist
bevor sie in die dunklen, stillen Kammern kamen.
Worinnen sie sehr einsam und verwaist.

Was blieb vom Körper? Nichts als blasser Schimmer
ein Knochenrest, der ganz verfallen bald.
Von ihrem Leben nur des Geistes Glimmer
und was sie schrieben in den Wörterwald.

AN WIELAND
Am Grab in Oßmannstedt

Von der Ilm leicht rauschendem Gang
hörst du im Tode noch ihren Gesang.

Im grüngrünen Hein, einsamkeitsschön
kannst du ihre Melodie verstehn.

Am Dichterstein, dreiseitig aufgestellt,
vollendete sich deine erhabene Welt.

GRAB DES MUSÄUS
Weimar, Kirchhof St. Jakob

Zahlen und Schriftenblass
auf steinerne Zeugen kein Verlass,
steht der Friedhofsmauerstein.
Zwei Jahrhunderte gingen ins Land hinein,
nur die Gestalten sind nicht verblasst,
die du geschaffen hast.

Märchen und Sagen
heute deinen Namen weitertragen.
Vor allem aber ist eine Figur,
deiner Sagen in meiner Natur,
lebt, als wäre wirklich vollbracht,
was Berggeist Rübezahl gemacht.

KALKSBURGER FRIEDHOF IN WIEN
Am Grabe von Hugo von Hofmannsthal

Jedermann, auch Du
bist ins Heer der Toten gefallen
Aber dies Wort ruft noch
über Plätze und Hallen.

Jedermann, auch Du
wusstest nicht die Stunde
als deine Leier sank
in die versiegelte Runde.

Jedermann, auch Du,
verlor des Lebens schlanke Flamme.
Doch dein Werk blieb gehoben
beschützt von einer geistigen Amme.

Du, Jedermann,
hier unter einsamen Weinberghängen
ruhen deine Glieder sich aus,
befreit von den schreibenden Zwängen.

DER MÄCHTIGE

Ein alter Mann, gelehnt an einen Stock, geht schwer
als er so ging, da sah ich hinterher
ich kannte ihn - und sah vor mir die Zeit
als er im Zentrum stand und voller Herrlichkeit.

Wer fiel, wer stürzte, wer zum Aufstieg kam
er richtete in seinem Gram.
Jetzt ist im Altenteil er, ausgereiht
die Wege, die er geht, sind nicht mehr weit.

Er geht zur Parkbank und setzt sich mühsam ab
Sein Denkmal stürzte - bald geht er ins Grab.
Es geht die Macht dereinst mit kleinen Schritten
Memento mori, in der Mitten.

ABSCHIED

Wieder vorbei ein Leben,
alles Blühende einmal vergeht.
Ganz schwach klingt aus weiter Ferne
entrücktes Lied.

Die Zeugen in Trauer, ohne Antwort
wissen - nicht endlos auch sie.
Dringt mir tief ins Herz
unnennbares Schauern -

Aber das wir sind ist groß.

HEIMAT
Böhmisch-Mährische Impressionen

PARADIESISCHES SEHNEN

Ich habe eine Heimat, tief in Böhmen,
darinnen rauscht der Jugend Flügelschlag,
dort kam das Leben mir entgegen,
als ich im Arm der Mutter lag.

Ein Engel grub mit seinem Schwerte
Bewußtsein in den Körper ein
und bis ans Ende meiner Tage
will ich ein Kind aus Böhmen sein.

Man stieß uns aus dem Land der Güte
die Menschen machten Sündenfall
doch bin ich wurzelstark geblieben
und treu der Heimat, überall

Es kam die Welt mit andern Werten
die Angst, die Not, schlich in mich ein
das ganze kreatürlich Beben
vor Dir mein Gott, ist täglich mein.

In meiner Seele Daseinsquälen
gibt es ein paradiesisch Sehnen
nach meiner Heimat,
tief in Böhmen.

WEGEGELEIT

Auch nach langen Jahren
verdunkelt sich nicht dein Sein
aus dem Frühzeitbewahren
bringst du, Heimat, dich ein.

Auch nach wechselnden Fährten
vergeht nicht dein Wegegeleit
was die Zeiten beschwerten
hast du wieder geheilt.

Auch nach irrenden Stunden
verliert sich nicht die Macht
die aus Heimatbekunden
Menschen hat stark gemacht.

H*ÜTER DES* U*RSPRUNGS*

Heimat ist ausgetrunken
nicht mehr dürstender Quell.
Räume, die eingesunken
andere Orte hell.

Was in verklungenen Jahren
zu höherem Streben mich trieb
will sich nicht offenbaren
fällt durch der Zeiten Sieb.

Handeln aus neuem Verlangen,
schwerer als man gedacht.
Denn es wird, was vergangen,
vom Hüter des Ursprungs bewacht.

1945

Die Heimat atmet schwer in diesen Tagen.
Ihr Atmen hat den Würgegriff der Stunde.
Und dieses Fallen aus vertrauter Runde
Noch nicht erfasst und ringt mit dieser Kunde.

Die Heimat atmet schwer in diesen Tagen.
Sie bäumt sich auf im Suchen nach dem Grunde.
Die Frage kommt aus jedem Munde. Warum?
Nirgends Antwort. Nur des Schmerzes Wunde.

*V*ERTREIBUNG

Es war um die fünfte Stunde:
da schreckte ein Poltern am Tor.
Zwei armbandtragende Männer
brachten den Trauerflor.

Es war um die sechste Stunde
da schlichen mit einem Bündel klein
zwei abgearbeitete Menschen
ins Ungewisse hinein.

Die abgesparte Habe
blieb verlassen zurück.
Alles ward ihnen genommen,
selbst ihr bescheidenes Glück.

Sie gingen mit zitternden Händen
und zuckenden Lippen vor.
Am Sammelplatz waren alle
ein klagender Schicksalschor.

Sie hatten nicht Schlösser, nicht Güter
hatten nicht Herrschaft, nicht Sporn,
sie hatten doch ihre Heimat
und die hatten sie nun verlorn.

Um diese Morgenstunde
versank die Gerechtigkeit
und ihre geglaubten Träume
hernieder in Tragik und Leid.

(Textpassagen in Anlehnung an das Gedicht "Totenwacht" von J.K.Niedlich)

MEIN LIEBSTER GESANG

Du, die ich oft besang,
fehlst mir erneut,
denn ein Leben lang
lauscht' ich auf dein Geläut.

Wenn ich mich wandermüd
abends nach innen kehr'
fällt mir dein Bild ins Gemüt
unter den Lidern schwer.

Was am Morgen mich
sanft aus den Kissen erhebt
ist unveränderlich
mir eingewebt.

Machst mir die Türe weit
auf, das Frührot eindringt
lebe vergangene Zeit
aus der die Sehnsucht trinkt.

Und dein Berg ist mir nah
und das Tal voller Klang
und du Heimat, bist da,
bleibst mein liebster Gesang.

Textpassagen nach Louis Fürnberg

68

Böhmische Elegie

Ich, Helmut P. aus einem böhmischen Dorf, dem
unbekannten, versteckten, abgeschriebenen und doch im
Herzland Europas Seienden.

Ich Helmut P. rufe!
Wen rufe ich? Was rufe ich? Warum rufe ich? Hat Rufen
überhaupt einen Sinn? Hört mich jemand, wenn ich rufe?

Fragt jemand nach mir, wenn ich rufe? Warum sollte
jemand fragen, eine Antwort erheischen? Ist die Antwort
nicht in ihm?

Kommt Schweigen aus einer höheren Ordnung?

RUBIN

Die Farbe rot, rubinrot mein ich sie
ist schwer in meiner Tiefe eingeschlossen
im Glas mit dieser Farbenmelodie
hab' ich den roten Wein so gern genossen.

Rubinrot wird's im Wiederschein der Seele,
und heimatnah, weil ich die Farbe fand
und alles, was ich diesem Glas erzähle,
spannt sich als roter Bogen in mein Böhmerland.

HINTER DEN HÜGELN

Ist denn Heimat zu Ende
ist sie entglitten dem Sein?
Einer Sehnsucht Legende
ist sie verschwundener Schein?

Ist ein Relikt sie aus Zeiten
für die das Moderne blind?
Trug der Wind sie in Weiten
die fernwo über den Hügeln sind.

Hat ihre Glut eine Wende
hat ihren Sinn sie verlor'n?
Heimat ist nur dort zu Ende
wo sie im Herzen erfror'n.

DAS RUBINFARBENE GLAS

Licht wird rot im Spiegel meiner Seele,
Farbe spricht, berührt mich sonderbar.
Durch dies Glas, das ich zum Trank mir wähle,
formt sich eine Nähe rubinwahr.

Lang Vergangenes wird aufgezogen
weit geöffnet die verhang'ne Wand.
Immer heller strömt als roter Bogen
ein Vergessenes, das ich wieder fand.

BILDERHEIMAT

Nicht im weiteren Vorwärtsprangen
offenbart sich, Leben, dein Gesicht.
Oftmals musst zum Damals ich gelangen,
dass aus abgelebten Zeiten zu mir spricht.

Wenn die Zeit im wilden Weiterstreben
auch verdrängt, was noch nicht abgetan
sag ich: Halt! Ich muss es neu erheben
und erkennen, was im Kinderherzen wehgetan.

Menschen, Häuser und der Orte Breiten
aus dem Quellen unversehrt
bäumt sich's auf aus Vorherzeiten
in die Bilderheimat bin ich eingekehrt.

Schrecken greifen aus der Höllentruhe
früher Tag wird mir so nah.
Und ich find erst Seelenruhe
wenn mein heut'ger Blick ihn neu besah.

ARNAU AN DER ELBE

Zwei Riesen stehn schon lange
und halten am Rathaus Wacht
sie haben zwei Schilder in Händen
auf furchtlose Abwehr bedacht.

Sie schauen trotzig und grimmig
und doch auch so sonderbar
und was mir dabei doch stimmig,
das wird mir nicht recht klar.

Hinter den Riesen die Turmuhr
schlägt noch die alte Zeit
herüber zum alten Markte,
der laubengangfriedlich umreiht.

Dieser Marktplatz in Böhmen:
mit dem riesenbewachten Haus
ist mir nostalgisches Sehnen
über das Heute hinaus.

GRUß AN DIE ELBE
von der Höhe des Dubitzer Kirchlein bei Aussig

Ruhig fließt du dahin
Fluss aus dem Schneegebirge
ursprungverbunden ich bin
was ich dir hiermit verbirge.

Du nahmst die Wasser
der Aupa, der Iser, der Moldau auf,
Adler, Chrudimka und Eger grüßen
zu dieser Höhe hinauf.

Sahst du der Orte viele
auf der böhmischen Flur
gern siehst du's Dubitzer Kirchlein
auf steiler Felsennatur.

Lange wirst du noch fließen
erhabene Städte sehn
bis zu der „Waterkante"
der „alten Liebe" geh'n.

Bei dem Fließen der Elbe
fallen vertraute Bilder mir ein
Ich grüß dich, Fluss im Tale,
hier oben vom Bergkirchlein.

Teltsch

Kulissen der Traumstadt, fassadenprächtig
bist du doch Wahrheit, wundermächtig
nicht von Hollywood hingestylt
in deiner Städteeinmaligkeit.

Enganstehende Häuserwände
geben sich farbenfroh ihre Hände
geschwisterlich heit'res Umschlossensein.

Bist mir ein Märchen, giebelbeflügelt.
Laubenganglaunig eingezügelt
ist dein Stadtplatz ein Edelstein.

Und die Mariensäule inmitten
grüßt herüber mit leichtem Nicken.
Ich will dein Antlitz immer verehren:
Teltsch du, Krone von Mähren.

MARIA-BRÜNNL

Wenn sie als Pilger schreiten
ist alles Hassen und Streiten
ist alle widrige Tat
innerlich ausgespart.

Wenn sie als Glaubende kommen
zu dem Orte, dem frommen,
ist's Brünnl dem Glanze geweiht
wie in verblichener Zeit.

Aus dem heiligen Brunnen
ist wieder Genesung entsprungen.
Segnest mit göttlicher Hand
Maria du, Menschen und Land.

MEISTERMADONNA
Fundstück in Geppersdorf, Mähren

Abseits der großen Wege
im Kirchlein der Dreifaltigkeit
steht eine Meistermadonna
in der Vergessenheit.

Wie sie lebt am Altare
dominiert sie den Raum
selten sehn sie Besucher
Baedecker erwähnen sie kaum.

Lange war der Schöpfer,
ihre Herkunft unbekannt
weil sie so abseits gestanden
ferne im Altvaterland.

Doch die Handschrift des Schnitzers
unübertrefflich gilt:
Rokokovollendung
von Ignaz Günther erfüllt.

OBERPLAN
Adalbert Stifters Geburtshaus und Museum

Geducktes Haus am Wege
am künstlich gestauten See
in dieser traulichen Hege
behütet vom Böhmerwaldschnee.

Aus der niedriggehaltenen Stube
aus ländlich-einfachem Sein,
von hier tritt der Häuslerbube
in größere Welten hinein.

Station im Wirken des Geistes
das dichterisch sich erhellt
Lebensbild umkreistes
ein Fragen nach seiner Welt.

Im witikonen Bezwingen
im Hochwald verwilderten Laach
im antworterfragenden Ringen
träum ich dem Nachsommer nach.

STATIONEN

MITTELEUROPA SOMMER 1990

In dieser Zeit des Aufbruchs will ich reisen,
das Herz Europas zu entdecken.
Will mir die offenen Grenzen preisen,
vor keinem Wachturm mich verstecken.

Mir fehlt noch manches zum genauen Bilde,
das immer deutlichere Farben trägt
und dieses Reisesommers Milde
unlöschlich meine Seele prägt.

Europas Mitte, sieh, dein Sohn taucht ein
in deinen Brunnen voller Weltgeschichte.
In grenzbefreitem Augenschein
seh ich dich Land vor meinem Angesichte.

DIE EXTERNSTEINE

Im Frührot der Geschichte,
beim Gang durch das lippische Land
haben die ewigen Götter
ihre Seele in sandige Steine gebannt.

Magische Externsteine
uraltes Mirakel der Welt
wo in Gestalt das Geheime
schöpferisch sich erhält.

IRRHAIN BEI NÜRNBERG
Pegnesischer Blumenorden

Die Reichsstadt hatte schon die hohe Zeit beendet
da wurd' noch einmal in barocker Pracht
durch einen Dichterkreis ihr Glanz gesendet
und deutsche Sprachkunst eingebracht.

Im Irrhain, draußen vor der Städte Mauern
von einer nahen Kirchenburg bewacht
kam eine Kraft aus holder Worte Schauern
und manches Neugeschöpfte wurde hier bedacht.

Nur stumme Säulen künden von der Größe
vom Orden, der hier orphisch sang,
heut' sind des edlen Sinn's Erlöse
erloschen, was um Minne rang.

Ich geh' besinnend durch die irren Reihen:
nur wenig Namen blieben aus der hehren Zeit
und doch wie seltsam, wie von stillen Weihen
klingt's mir herüber aus der Musenheit.

AM PFARRHAUS IN CLEVERSULZBACH
Gedenken an Eduard Mörike

Im Wein- und Hügelland
still ausgebreitet
lag deine Welt
von Liedern lind geweitet.

Im kleinen Schwabendorf,
beengt von Pfarrhausgattern
ließt du des Frühlings
blaue Bänder flattern.

Nach über hundertfünfzig Jahren
steh ich an diesem Orte,
noch trägt der Frühling
deine Worte.

KAISERDOM ZU KÖNIGSLUTTER

Löwenportal: Faszinosum
steinmetzbezwungener Stein
führt mich auf seltsame Weise
in des Domes Mysterium ein.

In dem Langschiff des Raumes:
filigrane Engelgestalt
zieht meine Blicke nach oben
hält mich mit magischem Halt.

Vor dem Grab eines Kaisers
schreckt mich Vergänglichkeit
spüre vertäuflischte Ängste
ergreift mich die Forderin: Zeit.

DER BARKENHOFF

Musengeschwängertes Haus
himmeldurchwaltetes
durch Kunst und Idylle
gestaltetes.

Genieumrauschte Welt
aus Träumen erbaute
jugendstilschöpferisch
geschaute.

ELLENBOGEN
Insel Sylt

Hier hat das Land mit dem Meere gerungen
hat das Meer um die Erde einen Bogen geschlungen.

Dünensandig, hafergrasig umarmtes Meer
liebevoll stranden die Wellen hierher.

Hör` wie den Winden das Hochzeitslied gelungen
Erde und Meer innig umschlungen.

Bin ein von Naturgewalten Umschweifter
durch Urelemente seelisch Gereifter.

ABSCHIED VON NORDFRIESLAND

An Maischen, Deichen und Koogen
vorbei nach Süden gezogen.

Eine Möwenschar über dem ebbegeweiteten Strand
im Geist noch der Leuchtturm vom Westerhevener Sand.

Hier habe ich Tage des Glückes gekannt
grüß dich mein nordfriesisch paradiesisches Land.

HOHENLOHER LIED

An der Kocher, Jagst und Tauber
liegt das Hohenloher Land
und berührt mit seinem Zauber
seelentief, wer's einmal fand.

Und der Wein an seinen Hängen
und der Fluss in seinem Tal
will mich immerwährend drängen
es zu sehen ein weit'res Mal.

Reich verziert mit stolzen Schlössern
trutz'gen Burgen auf den Höhn
träumt sich's durch die Zeiten, bessern
Glanz du nie gesehn.

Meine Augen gleiten über stille Weiten
und ganz ruhig liegt ein Ort darin
und die Nepomuken auf den Brücken
gucken fromm dahin.

Dunkle Wälder stehen wie vor Zeiten
als die Fürsten teilten Land und Glück
und Madonnen breiten
ihre Hände aus ein Stück.

An der Kocher, Jagst und Tauber
liegt das Hohenloher Land
und berührt mit seinem Zauber
seelentief, wer's einmal fand.

DER LEBENSWEG

AN DER JAHRTAUSENDWENDE

Ich lebe grad, als dies Jahrtausend geht
der Zeiten Wandlung wird durch mich gezogen
noch bin ich halbwärts, bei den alten Wogen
und halbwärts dort, wo's dritte Tausend weht.

Im Spiel der Zeiten bleib ich Wandrer
geh die Straße aus vergangnen Tagen
auf meiner Strecke ungestillte Fragen
und werde doch mit jedem Schritt ein Andrer.

Wieder hüte ich die alte Schwelle
will nicht stürmen zu dem neuen Ufer
werde doch der neuen Jahre Rufer
spür die Schöpferkraft der jungen Welle.

Allem Anfang aufgeschlossen
ist die Samenkraft des Werde.
Alles duldsam trägt die Erde,
was neu und was längst verflossen.

WIR EXISTENZIALISTEN

Gaia - deine Kinder sind schmerzensreich
du konntest sie nur gebären, entreißen dem
Chaos nicht ganz, stellst sie in die Fremde,
wie eine Pappel im Winde bleich.

Gaia - deine Kinder sind schmerzensreich
du gabst ihnen zum Leben nicht genug;
sie stehen trotz Acker und Pflug in einem
hungernden Sehnsuchtsreich.

Gaia - deine Kinder sind schmerzensreich
aus des Uranos himmlischem Schoß
in des Hades ängstlichen Schlund
in Licht und Tod führst du alle gleich.

Gaia, dies Schicksal ist unser Bereich
ist es auch recht und schlecht,
bist du doch die Einzige, die trägt,
unser zitterndes Menschengeschlecht.

ÄNGSTLICHER AUGENBLICK

Inmitten des Lebens entfalten,
ist mir ängstlicher Augenblick!
Ist alles Wissen und Walten
ohne beruhigtes Glück.

Ergreift mich ein tiefes Schauern,
zeigt sich ein Schattenreich,
fallen die sicheren Mauern,
bin ich erschrocken und bleich.

Streift mich der Atem des Todes,
wird keine Ferne mir leicht,
zittert das Herz, mein marodes
und meine Freiheit entweicht.

Will meine Blicke nicht halten
wenn sie irr und wild.
Nein - ihr sollt nicht walten.
Gebt mir ein freudvolles Bild!

HOCH IM GEBIRGE

Hoch im Gebirge ein teuflisch tiefes Loch
mein Pfad führt übers Klippenjoch.
Entlang am Abgrund über Schwindelstege
geh ich beklemmend über Alpenwege.

Es kreist um mich in ängstlich bittrer Stunde
der Dämon Angst. In seiner Blicke Kunde
ist alles Herrliche der Welt
durch diesen Höhenblick vergällt.

Die Freuden meiner Wandertage
sind arg gestört durch diese Plage.
Wenn schwindelfrei wird's Wegestück.
Dann sichrer Pfad und ungetrübtes Glück.

DIE WEIßE TAUBE

Himmlisch kommst du hergekreist,
bringst die Botschaft von dem Geist,
und mit deinem Flügelschlage
löst sich die Erkenntnisklage.

In die Tiefe ragt die Weltanlage
und die göttergleiche Waage
legt sich auf mein Frageleid.
In der Dreiheit liegt Beständigkeit.

Taubheit für das irrige Wissen.
Aufgetaut das umpanzerte Müssen.
Kann die wahren Chiffren lesen
durch dein heiligreines Wesen.

EWIGKEIT

Ein Vogel saß im Flieder
und sang für sich
doch seine süßen Lieder,
die bannten mich.

Ich fand mich eine Weile
ohn' alle Zeit
und vernahm eine Welle
der Ewigkeit.

GERINGER ABSTAND

Nuancen nur besser, nicht leichtes Verstehen
Nuancen nur schwächer, Zenit oder Vergehen.

Aus grauer Masse, schwächliche Touren
selten Klasse hoher Kulturen.

Maßstab - wer richtet, Freud oder Feind?
Tempel errichtet oder verneint?

Hinter dem Schöpfer, der Werke erstellte,
stehen die Richter in zynischer Kälte.

LEBENSBAHN

Starre Konturen
um mich gelegt,
engen die Schritte
auf meinem Weg.

Lösche die Lampe
des Suchens aus,
das Leben wagen
im entfragten Haus.

Gedanken verstiegen
im irrenden Wahn,
in Freiheit wiegen
auf leichterer Bahn.

MEINE IKONOGRAPHIE

Eine stille Stube,
mein Zelt,
meine Bücherwelt,

eine Waage,
eine Sanduhr
in meiner Klausur,

eine Lampe,
ein Kerzenständer,
ein Rosenstock am Geländer,

ein Jugendbildnis,
bewahrt,
ein Stich von Descartes,

eine rote Bibel,
eine alte Uhr,
eine Buddhafigur,

eine Büste von Homer,
der Koran,
mein Studienplan,

mein Kopf aus Bronze,
innen leer,
hier sinniere ich sehr.

Antworten kaum,
nur Frageraum.

WANDLUNG

Stiller brauch ich die Welt
nach den lauten Jahren
vieles wird lautlos erfahren
was der Lärm mir verstellt.

Langsamer brauch ich die Welt
nach den eiligen Jahren.
Eilendes lasse ich fahren
Streben in Ruhe fällt.

Leerer brauch ich die Welt
nach den volleren Jahren
nicht die Vielfalt bewahren
wichtig, was wesentlich hält.

Gegenwart

War ich dabei, als Luzifer stürzte und Michael ihn band?
Hat Henoch geschrieben mit meiner Hand?

Bin ich nicht ein gefallener Himmelssohn
welthaftig fliehend in ängstlicher Fron?

Mir ist, als wär ich tief inkarniert
und hätte Gott mich durch seinen Garten geführt.

Will ich engelstrebend wieder zurück
aus entfernteren Weiten ins Urzeitenglück?

Es wandelte sich mein Zeitensehn.
Ich lernte die Gegenwart verstehn
und gab sie meinem Sohn Methusalem.

IN DER ALTEN SCHMIEDE

Auf dem Amboss sprüht nicht mehr das Feuer,
doch in dem Gemäuer ungeheuer
wohnt der Geist noch einer alten Sage.
Wo der Schmied einst hämmerte bei Tage,
Schwert und Pflug im eisernen Beschlage,
hat's zur Menschenschmiede sich erneuert.

In den Schattennächten reift in mir die Frage
wer ich wirklich bin und was ich wage.
Wird geglüht hier mein gekühlter Wille,
bricht der Panzer meiner starren Hülle?
Wird die Kraft hier mitbefeuert
zum Erkennen hingesteuert?

JEDER NEBEL IST EIN STÜCK NIRWANA

Jeder Nebel ist ein Stück Nirwana
macht mich licht und leicht und rein
führt mit seinen Schleierhänden
in ein wunschlos tief'res Gründen ein.

Jeder Nebel ist ein Stück Nirwana
vor ihm wird mein Wollen klein.
Hüllt mich sanft und still und ruhig
in des Nichtes Mantel ein.

VOR EINEM STILLEBEN VON CÉZANNE

Still gereiht sind die Früchte
genau aufs Halten gestellt.
Keine flüchtigen Süchte
Gegenwart gänzlich erhellt.

So das Leben zu schauen:
Farben, Blumen und Wein.
Sich zu halten getrauen
und kein Eilender sein.

Dies Bildererleben
im ruhegebundenen Sein
soll als Richtschnur gehen
in die Bilder des Lebens ein.

WAS BLEIBT?

Wir wissen nicht welche
nach einer Spanne Zeit
trinken die bitteren Kelche
der Vergessenheit.

Sind die Eliten heutiger Paarung
in hundert Jahren noch groß?
Wen behält die Bewahrung
in ihrem kritischen Schoß?

QUANTENSPRUNG

Einmal muss es sich erweisen
das die Schleier der Iris reißen
und die hirnrissigen Nebel weichen
und ich erfahre der Freiheit Zeichen.

Begrenzte Ghetto - Gehege
begangene Irrwege der Wege
halb nur erforschte, bezweifelte Stege
nicht mehr meines Bewusstsein - Belege.

Taumel der Sinne, frischer Schwung
kindlich noch einmal: ursprungsjung
entfachte Jugendbegeisterung
aus dieser Heimkehr Quantensprung.

ABGELAUFENE ZEIT

Wenn weiter die Jahre auch gingen
doch die Sehnsucht bleibt.
Immer erneuertes Ringen
zur Vollendung treibt.

Stehe an nüchterner Schwelle
abgelaufener Zeit.
Sprudelt noch lange die Quelle
aus der Vergeblichkeit ?

Was auch das Leben verschwiegen
trotz meinem Suchen weit:
Mir ist das Rufen geblieben
und die echoerwartete Zeit.

EINER STROPHE SPUR

In meine zeitumrissene Welt
hat eine Hand mein Lebenslicht gestellt.
Ein Sterngewölbe Vergängliches beschützt,
von des Vertrauens Pfeilerwerk gestützt.

Ich bin in meiner Seinsstruktur
kein Niemand mehr, bin einer Strophe Spur.
Bin Glocke manchmal, die im Turme schwingt,
wenn sacht mein Wort ins deine überspringt.

Bin Brunnenschale für das wilde Blut,
wenn Leben strömt in vollem Übermut.
Bin Dom der Liebe für bemessene Zeit,
als Strahl der Hoffnung sei ich prophezeit.

In Anlehnung an ein Gedicht von Ilse Ringler-Kellner

EIN PROPHET
Für Heinrich Wolf posthum

In abendlangen Diskussionen,
im Freundeskreis der Illusionen.

Im jugendlichen Zurechtfinden,
im zeitgeistigen Überwinden.

Im spurensicheren Wegbereiten
im Feuereifer kühnem Streiten.

Warst du ein Mentor, ein Prophet,
der zukunftsweisende Wege geht.

Doch schnell war deine Spur verweht
kein Werk von dir in meinem Schranke steht.

WELTSTADT

Dörflicher Häuserfrieden
ging in vergangene Zeit
in den Großstadtgetrieben
wächst die Einsamkeit.

Aus den fremden Gesichtern
hör' ich kein heilsames Wort
hektisch die Welt und nüchtern
maskenhaft treibt alles fort.

In den begegneten Augen
lächelt kein einziges Du
nirgends ein freundliches Taugen
kein Fragen nach Who is who?

Ballabend

Manchmal träumt die Sehnsucht von Capricen,
taumelnd, sinnenhaft genießen,
eng Begrenztes zu vertauschen,
sich hinzugeben dem Berauschten.

Doch was wirklich, ist oft leicht verdrossen,
Stimmungshöhen sind verschlossen.
Die Erfüllung war umsonst gepriesen,
Vorfreude hat als Höchstes sich erwiesen.

EINKEHR NACH EINEM THEATERABEND

Ein Abend war's, der senkte seine Pforten
bis tief hinab zur grauen Mitternacht.
Was tut man mit den Spätnovemberworten
im Freundgespräch, bei braunem Gerstensaft?

Nach Früher geht's, in rauschendes Erinnern,
nach dem Theaterspiel kein Wunder schien's,
der Eskapaden längst vergang'nes Flimmern,
sie blitzt noch einmal auf, die Zeit des Harlekins.

BUDDHA

Titanengroß!

Das Unermeßliche in seinem Schoß,
sitzt er gesenkten Hauptes vor dem Kerne,
durchdringt die Nähe, ordnet Ferne.
In seinem Feuerblick wird alles klar
und schmilzt was Irrtum, Lüge war.

Löscht aus. Befreit. Erlöst. Lässt los.
Er weiß das Nichts, er nichts mehr hält.
Beleuchtet Sein und Schein der Welt.
Er ist Symbol, ist guter Weg.
Sein Bild nimm auf, in deine Tiefe leg!

ENGELSFLÜGEL

Ich trage einen Schmerz im Schulterblatt
den habe ich schon seit vielen Jahren.
Als ob mich Einer ausersehen hat
Engelsflügel in dem Erinnern zu bewahren.

Vielleicht war ich einmal ein Flügelwesen
dem kräftig standen Flügel in dem Rücken.
Bestimmt ist Einer da gewesen,
der wollte mich verwandelt auf die Erde schicken.

Ist dieser Schmerz noch ein Relikt
aus jenen Tagen, die ich sonst vergessen.
Wenn Dich der Schmerz auch manchmal niederdrückt,
denk: dass Du einmal starke Flügel hast besessen.

JETZT BIN ICH HIER

Ich will das Sein
der Gegenwart genießen
und nicht mit dem Nachher
mir Zeit verdrießen.

Jetzt bin ich hier
dies ruft und sendet
dies Hiersein
neue Wunder spendet.

KLÖSTERLICHE EINKEHR

Ich fühle mich umgewandelt
durch diese Tage versteh'n
ergreif eine innere Balance
ohne Vergangenes seh'n

Gleichgültig wird mein Streben,
Sinn und Zeit verweht,
Tage der Ruhe und Minne
strebender Wille geht.

Spannung zerrann und Ziele
entweichen dem eiligen Du,
aus den befriedeten Stunden
leuchtet Freude mir zu.

Was später wird kommen,
will ich nicht wissen, nicht frag,
lebe in gutem Verständnis,
weil ich dem Wissen entsag.

Leere zeigt sich und Stille,
und das Nichts wird Gespür
in einer tief, tiefen Quelle,
öffnet mein Kelch sich dafür.

DUNKEL DER ZEIT

In das Dunkel der Zeit
möcht ich untertauchen
nicht mein Leben entblättern
ins Unbekannte enthauchen.

Mein Werk soll klettern
himmelhinan.
In gestalteten Lettern
sei magischer Bann.

Waldesstille

Die Stille wird mir zum Beten
wird mir erlösender Raum
Ein Fallen von Daseinsnöten
an einem grünen Baum.

Wie lang ersehnt' ich die Stunde
die diese Feier mir lieh
und aus verlangsamtem Grunde
ich mir die Welt verzieh.

DER FREIHEIT BANN

Fern vom Lärmen, fern vom Massenland
suchte ich mir einen stillen Raum.
Weit entfernt vom Modetand
pflanzt` ich meiner Freiheit Baum.

Werden wir uns gut vertragen
lärmend Welt und Seeleneigen?
Will zur Zeit Distanz mir wagen,
weil nur so mein Werk kann steigen.

EINSICHT

Ich hab keine Sehnsucht nach Ferne,
will nicht sehen hinter die Sterne,
ins Abenteuer nicht treiben,
will bleiben.

Ich suche den Weg nach innen,
will mich selbst bezwingen,
das Flüchten vermeiden,
will schreiben.

Ich will nicht am Ruhme weben,
will zurückgezogen leben
Unbekanntes heben,
will geben.

ALTER

Stiller brauch ich die Welt
nach den lauten Jahren
vieles wird lautlos erfahren
was der Lärm mir verstellt.

Langsamer brauch ich die Welt
nach den eiligen Jahren.
Eilendes lasse ich fahren
unwichtig, was es enthält.

Leerer brauch ich die Welt
nach den volleren Jahren
nicht die Vielfalt bewahren
wichtig, was wesentlich hält.

NOVEMBERMUSIK

Novembermusik.

In den Herzen erfrieren die Worte.
Nirgends Wärme, nirgends geborgene Orte.

Novembermusik . . .

Das Schweigen der Welt klagt nach Leben.
Du da, du, du, sollst Antwort mir geben!

Novembermusik . . .

Rastloses Neigen in die einsame Zeit der Leiden.
Traurigkeit lässt die Menschen sich meiden.

Novembermusik . . .

Jeder geht allein auf dem blätterbefallenen Steg.
Geht in das Dunkel geradeweg.

Novembermusik . . .

Jetzt klingt ein Akkord von fern.
Wer hat mich gern?
Wer will mir die Stunden versöhnen.
Dezembermusik . . . Dezembermusik . . . höre ich tönen.

DIE NORNE ZEITENVORBEI

Die Vögelein singen nicht mehr
der Winter mit seinem grimmigen Heer
ist ins Land eingebogen
hat mit Reif und Schnee die Welt überzogen.

Dabei sind Blumen und Gras
des freundlichen Sommers Spaß
in die Grauschattenzeit des Herzens verfallen,
mit ihm ging des Lebens sorgloses Wallen.

Müde werden die Tage in tristem Erleben
was solls nach der Sommerfreude noch geben?
Jahreszeiten kerben die Ringe
in Seelenfurchen welkende Schwinge.

Runzeln in Wangen, Schmerzen und Fallen
für mich schlagen nicht mehr die Nachtigallen.
Trauer zu tragen, geboten zur Stunde,
gold'ne Arznei heilt nur selten die Wunde.

Gedanken um Heilung und Linderung,
Warterei zu befreiendem Schwung.
Doch es schneidet die Pläne entzwei,
die bittere Norne: Zeitenvorbei.

LEBENSHERBST

Vergessen, freudeverloren
blühst du im letzten Verlaß
in die Zeit geboren
für diese Jahre zu blaß.

Lächeln ist abgegangen
Niemand dich auserwählt
in den Graufaltenwangen
das Erinnern quält.

Fließen vom Leben zum Tode
geleert wird des Seins Pokal
bis zur bitteren Lode
in finaler Erkenntnisqual.

VOM HERBSTE VORBEDACHT

Es glitt ein Blatt vom Baume sacht,
es löste sich von seinen Blätterbrüdern
und trennte sich von allen Klammergliedern,
vereinzelt sich und schwebt ganz sanft herab.

Das Fallen war vom Herbste vorbedacht,
des Blattes leises Niederstreben.
Das mühelos zur Erde schweben
für diese Stunde wurd's zur Welt gebracht.

Wir lösen alle uns, nichts was uns hält.
Vereinsamt sind der Tage breites Wähnen,
zurückgeworfen aus den Lebensplänen,
zu unserm Fallen eben, ist Dasein vorbestellt.

WORTE

N̲ur die E̲insamen haben W̲orte…

Nur die Einsamen haben Worte,
die zum Himmel reichen.
Jetzt da mein Stern fällt
in Wirklichkeiten,
will die Muse weichen.

In dem Leben, überreichen -
bin ich Schweigen -
bin ich Verstummen -
bin ich Treiben -
bin auf dem Weg der sterbenden Menge.

Nur die Einsamen leben die Zwänge,
die sie durchmengen,
die sie drängen,
die sie vollenden,
weil sie ringen.

FRANKFURTER BUCHMESSE
Herbst 1998

Tausende Bücherwände
voll von geschriebenem Schmerz
einer Sehnsucht Legende
aus einer Jugend März.

Früh- oder Spätwerk-Kabale:
vieles bleibt nicht besteh'n.
Leerer werden Regale,
wenn sie die Nachwelt sehn.

Was sich im Strudel wird halten
weiß der Chronist nicht der Zeit.
Was sich schiebt zu dem Alten
ist noch nicht ausgereiht.

Hinter der schreibenden Mühsal
isst man ein karges Brot.
Auch was im Hauptmemorial
wird von der Zeit bedroht.

Offen bleibt heute das Fragen
was D u einmal vererbst.
Heut' musst bedrückend Du tragen
die Fülle des Bücherherbst.

FÜR KARL KROLOW

Aus dem Widerspruch wächst mir die Welt
schon seit Jahren nicht aufgehellt.
Was als Kind mir eingewoben
ist lang schon zerstoben.

Nirgends mehr Mitte, Halten und Maß
alles anders, als das, was ich einstmals besaß.
Denn das Bleibende ist aus der Zeit gesprungen
treibend heut alles, um was ich gerungen.

Wege versperrt, an die ich geglaubt,
selten noch Heimat, alles verstaubt.
Urknallzerstäubende Hilflosigkeit.
Wo ist Balance im schwirrenden Weit?

Klagelieder des Lebens aus kranken Hirnen
Wort du allein kannst sie entzwirnen.
Wort zwischen Materie und Geist gestellt
Wort du allein bist befriedete Welt.

*N*ACHWELT

Von tausend Stimmen eine
hat dauernden Bestand
und auch nach tausend Jahren
ist sie noch nicht verbrannt.

Von tausend Dichtern einer
Unsterblichkeit erhält
und irgendeine Muse
ihn zu den Großen gesellt.

WENN EINE EINZIGE ZEILE …

Einsam vergangene Tage
im Kloster zur Heilsamkeit.
Jetzt liegt auf kritischer Waage
die Frucht meiner Schreibsamkeit.

Geschrieben in mönchischen Mauern
wie Phantasie mir's ersann
Hinter den Strophen ein Dauern:
Gelesen werden sie . . . wann?

Wenn eine einzige Zeile
nur, die Nachwelt erreicht,
wird sie mir zum Heile
weil sie meiner Erwartung gleicht.

NACH EINER DICHTERLESUNG

Es gibt noch Zeiten für Lyrik
sie sind noch lang nicht vorbei
nur manche Verse verklingen
wie eine Liebe im Mai.

Es haben auch heutige Dichter
nicht ausgesungen ihr Lied
es gibt noch den Weg zu den Lesern
der immer neu erblüht.

Es gibt noch verborgene Worte
die keiner Zeile bekannt
und manche Sätze der Sehnsucht
deren Rufen noch unbenannt.

Es gibt noch Zeiten für Lyrik
sie verspürten es erneut
in's Spiel der Strophen zu tauchen
das hat mich sehr erfreut.

Sieh, wie sie aneinander wachsen
die Gebenden im Licht
aus den (vormals) heilig-tiefen Kammern
öffnen sie sich zum Gedicht.

Aus den lang verschwieg'nen Innenwelten
von dem Scheuen ganz befreit
geben sie sich im erhellten
Wege in die Offenheit.

Und ihr Wort wird hörbar
ihre Zeilen breit
echokrank tragen sie zu den Wissenden
ihre Strophen voll Ergebenheit.

Inhaltsverzeichnis
Verzeichnis der Überschriften

Tod und Vergänglichkeit

Heimat
Böhmisch-Mährische Impressionen

Stationen

Der Lebensweg

Worte